Simone Gutacker

Briefe aus dem Osten

AF532421

Simone Gutacker

Briefe aus dem Osten

(1954 bis 1988)

Fromm Verlag

Imprint

Any brand names and product names mentioned in this book are subject to trademark, brand or patent protection and are trademarks or registered trademarks of their respective holders. The use of brand names, product names, common names, trade names, product descriptions etc. even without a particular marking in this work is in no way to be construed to mean that such names may be regarded as unrestricted in respect of trademark and brand protection legislation and could thus be used by anyone.

Cover image: www.ingimage.com

Publisher:
Fromm Verlag
is a trademark of
International Book Market Service Ltd., member of OmniScriptum Publishing Group
17 Meldrum Street, Beau Bassin 71504, Mauritius

Printed at: see last page
ISBN: 978-620-2-44247-3

Copyright © Simone Gutacker
Copyright © 2018 International Book Market Service Ltd., member of OmniScriptum Publishing Group
All rights reserved. Beau Bassin 2018

Inhaltsverzeichnis:

I. Briefe aus Oelsnitz[1]:

1. 1. Brief[2]:

„Oelsnitz, d. 26.3.54

Mein lieber Freund Wilhelm u. Familie!

Wir teilen Euch hierdurch mit, daß wir Euer Paket prompt erhalten haben.

Wir haben uns riesig gefreut und sagen Euch von Herzen den besten Dank.

Uns war es natürlich eine große Hilfe, denn die Sachen gibt es bei uns in dieser Qualität noch nicht.

Auch danken wir Euch für die Glückwünsche zum Opa und zur Oma.

Es ist ein beglückendes Gefühl so ein kleiner Erdenbürger.

---

[1] Oelsnitz, Erzgebirge, DDR.
[2] 26.03.1954

Mit den eigenen Kindern hat man dies gar nicht so empfunden, doch die Enkel sind eben was anderes.

Ihr werdet dies ja auch noch erleben.

Es sind dies eben besondere Freuden.

Und natürlich hat man auch seine Sorgen damit, aber die müssen wir eben überwinden, denn bald wird dieses und jenes gebraucht und da heißt es eben einspringen.

Es ist ja schließlich auch unsere Aufgabe und es gibt dem Leben erst den wichtigen Sinn.

Wer wäre der Mensch ohne seinen Mitmenschen.

Er wäre öde und leer. Nur die Aufgabe gegenüber seinen Nächsten läßt den Menschen zu Höherem wachsen.

Nur darf es nicht ausarten und an den Nächsten Ansprüche stellen, welche ihn belasten.

Ich habe auch deshalb meine Frau ausgeschimpft, indem sie hinter meinem Rücken Bestellungen gemacht, die ich nie getan hätte.

Weißt Du Wilhelm, ich stehe auf dem Standpunkt, daß man von einem Freund nichts verlangen soll.

Wenn ich es könnte so würde ich nur hingeben, das ist das beseligende, ist das was den Menschen höher trägt.

Wie geht es nun bei Euch?

Die Arbeit setzt ja nun in der Landwirtschaft wieder voll ein und da werden alle Kräfte angespannt.

Doch mit Gottes Hilfe wird alles geschafft.

Über den Gegenwert Eurer Sendung wird sich nun meine Frau mit Euch unterhalten.

Ich aber danke Euch nochmals von ganzem Herzen

und grüße Euch alle in alter Freundes-Treue

Euer

Max."

2. 2. Brief[3]:

„Liebe Familie O.

Ich will gleich meinem Mann seinen Brief noch ein paar Zeilen beilegen.

Zuerst vielen Dank für die schönen Sachen, die Sie uns geschickt haben.

Das Tuch ist ja wunderbar, alle Leute werden uns drum beneiden, denn so etwas gibt es bei uns nicht.

Ich hab zwar von meinem Mann ausgeschimpft bekommen, weil ich eins bestellt hatte, aber gefallen tut es ihm auch sehr gut.

Es tut uns natürlich sehr leid, dass Sie mit den Tabletten so eine Wirtschaft hatten.

Die Tabletten hießen schon so, wie wir geschrieben hatten, denn sie waren wirklich Abführ-Tabletten, das kleine Kind hat immer keinen Stuhlgang.

Nun haben sie die Tabletten durch jemand besorgt bekommen.

[3] Ohne Angabe eines Datums. Vermutlich wurde der Brief jenem vom 26.03.1954 beigelegt.

Und die Tabletten für den Aufbau kann es auch sehr gut gebrauchen, denn es ist sehr schwach.

Nun kommt natürlich die Hauptsache und das ist, wie wir uns nun dafür abfinden können.

Wir haben den Willen, jedem Fräulein eine Garnitur zu schicken, wenn es recht (natürlich) ist.

Wenn Sie natürlich einen anderen Wunsch haben, sind wir gerne bereit etwas anderes zu schicken.

Darüber könnten Sie uns liebe Frau Ochsenbrücher doch nochmal Bescheid schreiben und auch gleich die Größen mal mit angeben.

Nun nochmals recht herzlichen Dank für Ihre Bemühung

und herzlichen Gruß von

Frau M.“

3. <u>3. Brief</u>[4]:

„Oelsnitz, d. 11.3.59

Mein lieber Freund Wilhelm u. Fam.!

Lange schon werdet Ihr auf ein Lebenszeichen von uns gewartet haben und werden gedacht haben, wir sind treulos und haben Euch vergessen.

Dem ist aber nicht so.

Lange schon quält mich das Gewissen und mahnt mich zum Schreiben.

Doch immer kommt etwas anderes dazwischen und jeden Tag ist man nicht aufgelegt dazu.

Heute aber heißt es `Faulheit, laß los, sonst brauch ich Gewalt.´ und schon saust die Feder über das Papier und soll Euch Kunde bringen von uns und soll Euch sagen, uns geht es den Verhältnissen entsprechend noch gut, was wir auch von Euch erhoffen.

Heute ist Sonntag, doch für mich ist kein Ruhetag, denn ich muß zu Mittag zur Arbeit.

---

[4] 11.03.1956

Draußen wirbeln die Schneeflocken um die Wette und das Thermometer zeigt Kälte bis 6 Grad.

Für diese Jahreszeit für uns recht ungewohnt, denn Mitte März müßte der Bauer schon rüsten zum Bestellen der Felder und mancher Sonnenstrahl sollte die Erde schon erwärmt haben.

Doch da liegt die Erde noch im schönsten Winterkleid und die Menschen gucken schon hinter den Gardinen hervor.

Wohl werden viele keine so rechte warme Stube haben, denn der strenge Winter hat den Feuerungsvorrat arg mitgenommen.

Ja, die Armen werden immer die Leidtragenden sein.

Auf ihren Schultern ruht immer die ganze Last, wenn auch manchmal die Sache anders hingestellt wird.

Es ist doch so in der Welt, daß ein Kutschpferd niemals ein Arbeitspferd wird.

Oder denkst Du anders?

Arm ist natürlich der Mensch der keinen geistigen Untergrund hat, ein Mensch der nur auf die Materie eingestellt ist, wird dieses umso schwerer empfinden.

Frei und beschwingt wird die Seele erst, wenn sie sich von der Materie löst und eingeht in die Regionen des Geistes.

Denn wie in der Materie alles gebunden ist, so liegt im Geiste die größte Freiheit.

Darum, will der Mensch die Freiheit, muß er sich von den Fesseln lösen.

Wir wissen nun, wer die Fesseln der Gebundenheit durchbrochen hat, Jesus, unser herrlicher Meister.

Er zeigte uns das Vorbild, wie das Leben des Geistes ist.

Nun folget mir nach, ist sein ernster Ruf.

Getragen von dieser Erkenntnis beginnt nun für uns der schwere Kampf, das Ringen nach seinem Leben.

Ihn über alles lieben soll unsere Liebe sein.

Ein jeder muß sich nun selbst Rechenschaft geben, wie weit er dieses vollbringt.

Doch wir sind nicht allein, getragen von seiner Gnade und seiner Liebe wird das Leben, das heißt sein Leben, ins uns wachsen und wird zunehmen an Weisheit und Stärke.

Das sind die Friedenskräfte, die der Welt noch den Halt geben, sonst wäre schon ein anderes Schicksal den Menschen wieder beschieden.

Helfen wir mit, dem neuen Leben die Bahn zu ebnen und werden wahre Arbeiter im Weinberg des Herrn!

Mein lieber Wilhelm, ich sende Dir nun eine kleine Auswahl von Briefmarken für Deine Sammelei.

Ich habe gleich die Karten mit abgeschnitten, denn die Sammler sind Kenner.

Da muß der Stempel mit drauf sein und sonstige Dinge, und habe mir gedacht, daß sie nun die Sachen ausarbeiten nach den Kunstbegriffen.

Wenn Du nun noch welche brauchst, so schreibe mir nur, wo welche aus der Gegenwart.

Was ich bekommen kann, besorge ich Dir gern, wenn Du damit anderen eine Freude machen kannst.

Es sind 14 Stck.

Für heute nun mag es genug sein.

Wir wünschen Euch nun das Allerbeste und wünschen, daß der Friede der Menschheit erhalten bleibe und unsere Heimat bald eine geeinigte wird, damit die Menschen gleichen Blutes und gleicher Zunge wieder zusammen leben können wie Brüder und Schwestern.

So bleiben wir in alter Treue und Liebe

Euer Freund

Max u. Frau."

4. 4. Brief[5]:

„Oelsnitz, d. 12.2.59

Mein lieber Freund Wilhelm
u. Familie!

Ich muß noch einmal die Feder zur Hand nehmen und mal sehen, ob Du noch am Leben bist.

Ich habe Dir schon 2 mal geschrieben, aber keine Antwort.

Jetzt kannst Du Dich nicht mit vieler Arbeit raus reden, denn jetzt ist doch bei den Bauern der Winterschlaf.

Es wird Dir wohl auch wie mir gehen: \`Schreibfaul´.

Ich wollte vor allen Dingen wissen, ob das Weihnachtspäckchen angekommen war.

Wir hatten doch für E. eine kleine Kristallvase rein getan und wie ich gehört habe, soll das verboten sein.

---
[5] 12.02.1959

Es könnte ja nun sein, daß das Päckchen unter die Kontrolle geraten wäre und da gibt es dann kein Erbarmen, es wird einfach weggenommen.

Aus diesem Grund bitte ich Dich, gib mir mal Bescheid.

Nun zum Allgemeinen.

Wir sind soweit noch einigermaßen gesund.

Bei der Frau geht es ja nicht mehr so gut, denn das Herz will nicht mehr so recht mitmachen und ein zu hoher Blutdruck macht ihr oft das Leben schwer.

Bei mir will manchmal das Herz bißchen dumm tun, aber vor der Hand habe ich noch keine Zeit müde zu sein, denn ich maß ja bis 65 Jahre arbeiten, das ist Gesetz.

Früher konnte man aufhören, wenn man wollte, aber im Zeichen des Fortschritts geht das eben nicht.

Ja mein lieber Wilhelm, es gibt eben in der Politik so vieles, was uns nicht gefällt, doch der Mensch ist im Materiellen kein freier Mensch, sondern steht unter der Diktatur, das heißt unter dem Mußgesetz.

Frei ist der Mensch nur im Geiste, daran kann ihn keine Macht hindern, zu denken und seine geistige Welt nach seiner Liebe und Wohlgefallen aufzubauen.

In der Welt wird viel von Freiheit und Frieden geredet, aber jeder will den Frieden und die Verhältnisse nach seiner Anschauung haben, ob daraus ein wahrer Friede wird?

Ich kann mir das nicht gut vorstellen.

Nun mag dies alles sich entwickeln, es muß am Ende doch zum Besten dienen, denn der Mensch hat seine Bestimmung von Gott aus und die ist die, zurück zu kehren ins Vaterhaus!

Nun will ich schließen in der Hoffnung,
recht bald von Euch zu hören.

Mit den herzlichen Wünschen
und Grüßen für Dich
und Deine liebe Familie

Dein
Freund

Max u. Frau“

5. 5. Brief[6]:

„Oelsnitz, d. 11.1.60

Mein lieber Freund Wilhelm
u. Fam.!

Nun ist es wieder einmal so weit, daß dieser faule Federhalter wieder einmal in Funktion gesetzt wird.

Wie so oft bin ich im Geiste bei Euch allen und unterhalte mich mit Euch, doch die Wirklichkeit bleibt immer aus.

Vorerst unseren herzlichen Dank für Euer liebes Weihnachtspaket.

Ihr habt wieder in Liebe alles bereitet.

Die Butter war uns sehr willkommen, denn bei uns geht es mit dieser Sache sehr knapp zu.

Wir bekommen pro Person in der Woche ein Stück.

Na da kann man nicht so kräftig schmieren.

---

[6] 11.01.1960

Aber es geht auch so, der Mensch kann vieles vertragen.

Kannst Du Dich mein lieber Wilhelm noch entsinnen als wir im Lager von Pisa am Tage 15 Kekse bekamen, und wir sind auch nicht verhungert.

Allerdings sind jetzt andere Zeiten und man kann schon etwas mehr verlangen.

Aber das Geld der Regierungen wird oft zu anderen Zwecken verbraucht.

Ja, ja meine Lieben, Frieden wird überall gepredigt, für den Frieden will alles kämpfen und doch wird überall gerüstet und das arme Volk muß darunter leiden.

Ja, Frieden wollen sie alle, jedoch soll der Frieden so aussehen wie es in ihren Kram paßt.

Jeder will der Erste sein, jeder will die Macht ausüben und dadurch die Menschheit befreien vom schweren Joch.

Doch wenn man die Sache richtig besieht ist alles Pluff.

Es gibt nur einen Frieden und das ist der wie es heißt: `Wenn Du im Herzen Frieden hast wir Dir die Hütte zum Palast.´

Ich sage ja immer, wenn der Frieden im Äußeren liegen würde, dann müßten ja die Reichen die zufriedensten Menschen sein, aber ich glaube man kann gerade das Gegenteil behaupten.

Wer ist es denn, wer die Welt immer wieder in Aufregung versetzt?

Sind es vielleicht die Armen?

Ich glaube nicht, wohl aber die Regierenden.

Und warum?

Weil ihr Herz finster ist und weil sie keinen Frieden haben.

Bei ihnen trifft nicht zu wie bei dem Menschen, der von sich sagen kann: \`Frieden den ich nie gekannt, ich bei meinem Heiland fand!´

Seht Ihr meine Lieben, hier liegt das tiefe Geheimnis.

Nur der Mensch kennt den Frieden, der ihn im tiefsten Inneren erlebt hat.

Was liegt am äußeren Frieden, wenn die Menschen innerlich zerrüttet sind.

Was liegt an der Form, wenn der Mensch lieblos, neidisch, herrschsüchtig, trotzmütig ist, gar nichts.

Die Form vergeht genau wie eine Wolke am Himmel, doch der Geist bleibt bestehen.

Darum streben wir nach dem was des Geistes ist, nämlich Liebe, Licht, Kraft.

Menschen die von dieser reinen selbstlosen Jesu-Liebe durchdrungen sind, sind die wohl im Stande ihre Mitmenschen zu hassen, zu schlagen oder gar zu töten?

Sind Menschen, die von diesem Himmelslicht erleuchtet sind im Stande ihre Mitmenschen auszubeuten, sich auf Kosten der Armen ein Leben einzurichten oder sie auf falsche Wege zu führen?

Sind Menschen, die von dieser Gotteskraft erfüllt im Stande sich zu fürchten oder gar vor den Weltlingen zu fliehen gleich einem Feigling?

O nein meine Lieben, diese Menschen sind die, die berufen sind im Stillen durch ihre Gebete und durch die Ausstrahlung ihrer Kräfte das Weltgebäude zu stützen, sonst wäre es schon lange zusammen gebrochen.

Diese Menschen das sind die Bringer einer neuen Zeit nach dem sich die Menschen sehnen.

Die Sehnsucht nach Freiheit ist bei den Menschen groß, nur werden sie von ihren Führern auf falsche Wege geleitet.

Doch die Zeit kommt und sie ist nicht mehr fern, wo ein neues Leuchten auf der Erde erstehen wird wo ein neuer Geist und zwar der Geist der Liebe unter den Menschen erstehen wird.

Und dieser Geist, das ist die Wiederkunft Jesu, denn es ist sein Geist und sein Leben, ja seine Person.

Und so lasset uns nach diesem Leben singen.

Denn er spricht: `Siehe ich stehe vor der Tür und klopfe an.´

Machen wir nun die Herzenstür immer weiter auf, auf daß unser geliebter Vater Jesu einziehen kann und uns gestaltet zu einem neuen Menschen zum Segen für alle Brüder u. Schwestern zum Heile aller Menschen.

Mit diesem Wunsche

seid alle herzlich gegrüßt von Eurem Freund und Bruder

Max u. Frau."

6. 6. Brief[7]:

„Oelsnitz, d. 6.1.61

Lieber Wilhelm u. Fam.

Nun sind die Festtage vorüber und alles geht wieder seinen alten Trott.

Als erstes sage ich Euch unseren herzlichsten Dank für Euer schönes Weihnachtspaket.

Wir haben uns sehr darüber gefreut.

Und Ihr?

Ihr habt nun bestimmt gewartet auf ein Päckchen von uns und das Weihnachtsfest ging vorbei und kein Päckchen kam.

Ja, wir hatten Pech.

Zwei Päckchen hatten wir nach Westdeutschlang geschickt mit je 1 Teeservice aus Jenaer Glas.

[7] 06.01.1961

Und beide Päckchen waren unter die Kontrolle gekommen und kamen zurück mit dem Vermerk: Feuerfestes Glas darf nicht geschickt werden nach der Verordnung vom so und so vielten.

Ja was nun!

Jetzt ging das raten wieder los, was wird geschickt.

Und bei uns ist ja dann die Auswahl nicht mehr sehr groß, denn die schönsten Sachen sind ja weggekauft und der Sachschub ist sehr gering.

Aber ich glaube es wird schon gefallen haben.

Vom zweiten Empfänger haben wir Nachricht, dass sie das Päckchen zum Neuen Jahr erhalten haben.

So wird wohl Eures auch so ähnlich angekommen sein.

Wir erwarten nun Eure Nachricht.

Und nun, wie geht es mein lieber Wilhelm.

Wir werden nun immer älter und da machen sich hier und da mal Zuckungen bemerkbar.

Aber im Großen und Ganzen wollen wir zufrieden sein und wollen uns immer mehr ausbilden auf dem Gebiet der Liebe Jesu.

Nur das soll unser Halt und Stütze sein, dann kann die Welt toben wie sie will.

Wir wünschen Euch nun alles Gute und hoffen recht bald Nachricht von Euch zu erhalten.

Mit herzlichen Grüßen

und nochmaligem Dank

verbleiben wir Euer Freund

Max und Frau!"

7. 7. Brief[8]:

„Oelsnitz, d. 3.1.65

Mein lieber Freund Wilhelm
u. liebe Familie.

Vor allen Dingen einen herzlichen Dank für Euer liebes und schönes Weihnachtspaket.

Wir haben uns sehr darüber gefreut.

Meiner Frau kamen gleich die Tränen.

Ja mein lieber Freund, bei Euch ist das Kaufen schon ein anderes Ding als bei uns.

Was man gerne schicken möchte, das darf man nicht.

Es ist verboten zu schicken: Glas, Porzellan, Steingut, Feuerfeste Tiegel u. Pfannen, Spinnstoffe u. Textilien.

[8] 03.01.1965

Daraus könnt Ihr ersehen, dass es gar nicht so einfach ist, immer das passende zu treffen.

Es soll doch schließlich auch gefallen, man will doch eine Freude bereiten.

Es ist auch mit dem Einkaufen bei uns nicht gar so vollendet.

Zum Beispiel: Apfelsinen gab es 14 Tage so gut wie keine.

Pro Kopf gab es eine Apfelsine.

Aber 2 Tage vor Weihnachten gab es dann so viel man kaufen wollte.

Scheinbar ist da erst ein Schiff angekommen, das welche gebracht hat.

Es geht alles so ruckweise, es gibt kein Gleichmaß.

Ja wenn man nur reiner Materialist wäre, da könnten einen die Dinge aufregen, aber so stört mich das nicht.

Wir sind eben kein reiches Land.

Na, Armut ist ja keine Schande, aber prahlen darf man nicht.

Es ist eben ein großer Halt im Glauben.

Wie Du schreibst, hast Du nun Deinen Hausbau beendet.

Da haben wohl nun die jungen Leute Deine Landwirtschaft oder wohnen sie im Neubau.

Ja, ich würde mir zu gerne mal alles ansehen, vor allen Dingen Dich und Deine liebe Familie.

Dieses Jahr wäre auf der einen Seite die Möglichkeit, denn ich komme ja im Februar ins Rentenalter (65 Jahre).

Aber auf der anderen Seite geht es nicht, meine Frau kann so eine Reise nicht mehr machen und allein lassen kann ich sie nicht, das geht nicht.

In erster Linie steht die Pflicht.

Der Prospekt, den Du mir über Deinen Ort mit geschickt hast, ist ja wunderschön und man kann daraus schließen, dass es sich dort ganz gut leben läßt.

Weiß Du Wilhelm, wir legen alles in Gottes treue Vaterhände und wie er es macht wird es schon richtig [sein].

Wir dürfen uns auch nicht so sehr an das äußerliche Leben klammern, denn dieses hört einmal auf und erst [dann] tritt das wahre Leben in Erscheinung.

Nun mein lieber Wilhelm, laß nicht wieder ein Jahr vergehen, ehe Du schreibst, sonst muß ich Deine Frau auffordern, daß Sie Dich zwingt.

Doch Freiheit ist schöner als Zwang.

Für heute nun mag es genug sein.

Wir danken Euch allen nochmals von ganzem Herzen

und verbleiben mit den besten Grüßen und Wünschen für Euer Wohl

Euer Freund

Max u. Frau.

Haben denn die Filzschuhe für Klein P. gepaßt?

Wir wußten ja keine Größe und haben nach Gedanken geschickt.

Schreibe doch mal die Größe mit."

8. 8. Brief[9]:

„Mein lieber Freund Wilhelm
u. liebe Familie!

Heute nun will ich Euch Allen herzlich danken für Euer liebes Weihnachtspaket.

Ihr habt in der Tat eine große Freude angerichtet, bei Mutti kamen gleich die Tränen, als all die schönen Geschenke zum Vorscheine kamen.

Wir Männer sind wohl etwas sparsamer mit den Tränen aber wir freuen uns innerlich genauso.

Also nochmals recht herzlichen Dank.

Gott möge es Euch allen mit Gesund[heit] vergelten.

Sicher habt Ihr auch unsere beiden Päckchen erhalten, denn man hört jetzt wenig, dass Päckchen nicht ankommen.

Aber gebt uns nur Bescheid.

Und nun liebe P. dankt Dir Onkel Max und Tante M. aus Oelsnitz recht herzlich für Deinen lieben Gruß, den Du uns mit gesandt hast.

---

[9] Ohne Angabe eines Datums. Vermutlich Ende 1965 geschrieben, wegen der Frage nach dem Namen des kleinen Geschwisterchens.

Gehst Du wohl schon zur Schule oder kommst Du erst rein.

Na schreibe uns mal darüber und wenn Du es noch nicht kannst, dann tut es Mutti oder der Opa.

Wie heißt denn Dein kleines Schwesterchen, hat es die Puppe vom Weihnachtsmann erhalten?

Er hatte sie bei uns abgegeben.

Und wie passen Dir Deine Filzschuhe?

Sind sie schön warm!

Na ich werde ja von Dir hören.

Und nun mein lieber Wilhelm und Fam.

Wie geht es Euch?

Seid Ihr alle noch gesund und munter?

Wir hoffen es.

Nun ja, wenn man älter wird, da sticht es mal hier und mal dort.

Es ist eben der Lauf so, das Fleisch wird alt und muß sterben, die Seele aber bleibt ewig jung, sie altert nie.

Nur wird ihr die Last des Fleisches und der Zweit zu schwer und sie sehnt sich dann nach Freiheit und geistigem Gottesleben.

Und darum lehre uns bedenken, daß wir sterben müssen, auf daß wir klug werden.

Die Weihnachtstage gehen so schnell vorbei.

Die Aufregung und das Getöse vorher, das ist immer das Schlimmste an der Sache.

Doch es ist auch schön, wenn man sich um die Menschen sorgen kann.

Manchmal möchte man vieles tun, doch die Flügel sind uns beschnitten und man muß klein und bescheiden bleiben.

Oftmals sind solche Dinge die Bremsklötze, damit der Lebenswagen nicht so schnell den Berg hinunter rennt.

Denn unsere Aufgabe ist es ja, den Berg hinaus zu fahren, um von den Bergeshöhen die herrliche Gotteswelt zu sehen.

Nun meine Lieben bin ich wieder am Schluß meiner Zeilen angelangt, obwohl man über das Leben im wahrsten Sinne viel, ja sehr viel schreiben könnte.

Lieber wäre es mir, wir könnten uns einmal persönlich austauschen, aber unter den jetzigen Verhältnissen kann ich nicht weg.

Wir wünschen Euch nun von ganzem Herzen

ein gesegnetes und gesundes Neues Jahr

und verbleiben mit den innigsten Wünschen

und herzlichen Grüßen

Euer Freund

Max u. Frau.“

9. 9. Brief[10]:

„Oelsnitz, d. 25.2.66

Mein lieber Freund Wilhelm u. Fam.!

Vielen herzlichen Dank für Euren lieben Brief und für das schöne Geschenkpaket.

Ich war ganz überrascht, daran hatte ich ja nie gedacht.

Wie kommt Ihr darauf mich so zu beschenken.

Es kam ein paar Tage nach meinem Geburtstag, das war ein Zusammentreffen.

Doch den Tag weißt Du mein lieber Freund ja gar nicht.

Ich wüßte Deinen Geburtstag auch nicht.

Immer habe ich gedacht, daß Du 1901 geboren wärest, aber so bist Du noch ein junger Marschierer, denn ich war schon 66 Jahre.

---

[10] 25.02.1966

O meine Lieben, es geht nun in die letzte Etappe.

Wann das Ende auf dieser Erde kommt, wissen wir nicht.

Und offen gesagt, es tut mir auch nicht weh.

Die Hauptsache ist, Du bist bereit und weiß vor allen Dingen, wohin die Reise geht.

Wie mag es dann diesen Seelen zu Mute sein, die keinen Glauben und somit auch keine Liebe und zufolge kein Licht haben, die im Finstern tappen und nach Auswegen suchen, die nicht vorhanden sind.

Solche Seelen bedürfen dann des Arztes, denn sie sind geistig krank und müssen geheilt werden.

Die Wege sind oft nicht die gefälligsten, doch sie müssen sie gehen.

Darum halten wir uns an die Jesu Liebe, wenn uns das Leben auch schwere Lasten auferlegt und wir manchmal bald zusammen brechen.

Aber dann wird doch auch zu uns ein Simon von Kyrene kommen, der uns hilft das Kreuz zu tragen, so wie er es Jesus getragen hat, als er auch unter der Last der Sünden der Menschen, die er getragen hat und unter dieser Last zusammen brach, zu uns kommen.

Doch es ist wohl immer so, auf Regen folgt Sonnenschein.

Es gibt eben viel zu lösen auf dieser Erde.

Und wie steht geschrieben: Was Ihr auf Erden löst, ist auch im Himmel gelöst und was Ihr auf Erden bindet, ist auch im Himmel gebunden.

Meine Lieben, denkt mal darüber nach, was in der Seele zu lösen und zu binden ist.

Bei uns geht nun alles so seinen Gang, wie es bei Rentnern geht.

Es ist schon ein schönes Gefühl, wenn man sein eigenes Herz ist.

Ja, meine Lieben, ich käme gerne einmal zu Euch, doch ich kann meine Frau nicht alleine lassen, sie braucht mich.

Wenn es besser mit ihr geht, dann sprechen wir darüber.

Für heute mag es genug sein, beim nächsten Mal mehr.

Nehmt nochmals herzlichen Dank und beste Grüße

von Eurem Freund Max u. Frau.

Viele Grüße an P. und schönen Dank für Ihren Namenszug.

Bald wird sie groß und kann mir schreiben.

Eins hätte ich bald vergessen Euch zu sagen:

Die Jacke passt wie angegossen, als wäre sie nach Maß gemacht.

Nochmals vielen vielen Dank.“

II. Briefe aus Mülsen – St. Niclas[11]:

1. 1. Brief[12]:

„Mülsen, d. 13.7.78

Liebe P.!

Herzlichen Dank für Deinen lieben Brief.

Wir haben uns sehr gefreut wieder etwas von Euch zu hören.

Du kannst das mitfühlen, wenn der Mensch da liegt und kann nicht fort, daß ihm da nun ein liebes Wort Kraft gibt.

Es ist wie Balsam auf die Wunde.

Du kannst dieses ermessen, weil Du ja täglich mit Kranken und elenden Menschen zusammen bist.

Bist Du noch im Krankenhaus?

[11] Mülsen – St. Niclas, DDR.
[12] 13.07.1978

Sei nur recht lieb zu Deinen Kranken, Gott wird es Dir lohnen, denn er spricht ja: was ihr getan einer meiner Geringsten, das habt ihr mir getan.

Ja liebe P., Du hast recht, zu Hause ist es eben besser als im Krankenhaus.

Das Paket ist auch eingetroffen, alles wohlbehalten, ohne Kontrolle.

Dafür danken wir auch Dir, denn Du hast bestimmt die Sachen besorgt, nur Opa mußte zahlen.

Mir ist damit sehr geholfen, denn bei uns bekommt man die Sachen ganz schwer und wenn Du schon ein Rezept hast und kommst in die Apotheke, dann heißt es nach unserem Schlachtruf: „Haben wir nicht!"

Aus Deinem Schreiben ersehe ich, daß Du gereifter geworden bist.

Ja der Umgang formt den Menschen.

Nun mag es für heute genug sein, denn ich muß ja auch dem Opa schreiben.

Nun herzliche Grüße von Onkel Max u. Tante L.!

Sage Deiner kleinen Schwester auch vielen Dank für Ihre lieben Grüße."

2. 2. Brief[13]:

„Mülsen, d. 13.7.78

Mein lieber Freund Wilhelm!

Herzlichen Dank für Deinen lieben Brief und erstmals vielen, vielen Dank für Dein Paket.

Du hast uns damit eine große Freude bereitet, vor allen Dingen mir mit diesen Bonbons.

Nun kann ich hoffen, daß das Wassergeschäft besser von statten geht.

Bei uns ist das ein Drama, ehe man etwas bekommt.

Meine Frau ist etwas durch die Gegend gefahren.

Von 2 Ärzten mußte das Rezept unterschrieben werden und als sie in die Apotheke kam, um die 20 Tabletten abzuholen, waren keine vorhanden.

---

[13] 13.07.1978

Die Bedienung hat gemeint, wir müßten die Sachen vom Ausland einführen und das ist sehr teuer.

So ging es mir als ich im Krankenhaus war, der Ober-Arzt wollte mich nicht eher entlassen bis er die Tabletten hatte.

Doch leider bekam er trotz großer Anstrengung keine und mußte mich dann ohne dem entlassen.

Lieber Wilhelm, da machst Du was mit.

Es gibt nur ein, man muß Gott vertrauen und da wird man oftmals auf harte Proben gestellt.

Seit November bin ich nun schon krank und habe manchen Schmerz aushalten müssen.

Wenn es auf der einen Seite etwas besser wurde, stellte sich auf der anderen etwas Neues ein.

Es kommt einem manchmal vor, als wäre man der Hiob.

Die Beine versagen auch den Dienst.

Ich bin seit Dezember noch nicht wieder über die Straße gekommen.

Nun kannst Du Dir denken, was das für Überwindung kostet, da ich doch sonst immer Hans Dampf in allen Gassen war.

Doch das Alter schlägt den Mann.

Kannst Du Dich nun in meine Lage versetzen, wenn man die Arbeit sieht und darf nichts tun.

Der Arzt hat extra verordnet, keine Arbeit leisten, nur äußerste Ruhe.

Man kommt sich direkt überflüssig vor.

Nun hab ich Dir die Ohren voll gejammert.

Doch dürfen wir die Flinte nichts ins Korn werfen, sondern müssen immer wieder unsere Augen zu dem empor heben, der uns Kraft gibt, der uns Stütze und Helfer ist in allen Dingen.

Wenn es auch manchmal schwer wird, doch immer wieder Kopf hoch.

Aus Deinem Brief ersehe ich, daß Du auch langsam anfällig wirst, das bringt das Alter mit sich.

Dadurch, daß ich nichts machen kann, liegt die ganze Last auf den Schultern meiner Frau.

Gott gebe ihr Kraft und seinen Beistand.

Nun zu Deinem Paket.

Was bin ich Dir schuldig, denn die Sachen sind doch nicht billig.

Also schreibe mir meine Schulden.

Mit Geld gibt es ja keinen Ausgleich, weil unser Gold im Ausland nicht gewertet wird, ich werden eben versuchen müssen, es auf eine andere Art auszugleichen.

Nun was macht denn unsere E., sie hüllt sich immer in tiefes Schweigen, von A. ist man das gewöhnt.

Es hat eben jeder seine Sorgen für sich.

Lieber Wilhelm, ich bin nun [am] Schluß meiner Weisheit angelangt.

Mit den besten Wünschen und Gottes reichem Segen verbleiben wir

Dein Freund Max u. Frau!“

3. 3. Brief[14]:

„Lieber Herr Wilhelm u. Fam.

Heute mußte auch ich noch einige Zeilen hinzufügen.

Hat doch das Paket mit all diesen wertvollen Sachen für uns eine so große Freude bereitet und ist unversehrt in unsere Hände gelangt.

Gott sei Lob u. Dank dafür!

Nun hoffen wir zuversichtlich, daß mit Seiner Hilfe, Max nicht wieder so schnell, oder noch besser, nicht wieder ins Krankenhaus braucht.

Weil haben wir gebeten und gefleht um Hilfe und haben erlebt: `Wenn die Not am größten, ist Gottes Hilfe am nächsten.´

Leider bedrückt es uns aber sehr, wie wir dies einmal gut machen können.

Wissen wir doch, daß diese Sachen auch drüben sehr teuer sind und uns hier die Hände gebunden sind.

Wir möchten versichern, in irgendeiner Weise es auszugleichen.

[14] 13.07.1978

Für Ihre Liebe u. Bemühungen sagen wir einstweilen vielen herzlichen Dank u. `Ein vergelts Gott.´

Gott segne Sie u. Ihre lb. Fam. Mit Gesundheit!

Ihre H."

4. 4. Brief[15]:

„Ein fröhliches Weihnachtsfest …

u. ein gesundes und gesegnetes Neues Jahr

wünscht Ihnen Allen

verbunden mit herzlichen Grüßen

Ihre

H.

Mülsen St. Niclas am 14. XII. 79.

Anfang Januar wird es nun schon 1 Jahr, daß mein lieber unvergessener Max von dieser Erde gegangen ist.

Seitdem ist viel Schweres an mir vorüber gegangen.

[15] 14.12.1979

Gerne hätte ich Ihnen auch wieder eine Freude gemacht, leider ist dies aber durch die Verhältnisse nicht möglich.

Ich möchte Ihnen aber noch einmal Dank sagen für Alles Liebe u. Gute was Sie meinem lb. Max im Leben u. zuletzt auch mir getan haben.

Gott segne es Ihnen!“

5. 5. Brief[16]:

„Gott ist machtig.

Warum sich sorgen?

Komme, was mag,

Gott ist mächtig!“

Martin Luther King

[16] Ohne Angabe eines Datums

6. 6. Brief[17]:

„Mülsen St. Niclas, am 3. VI.1980.

Lieber Herr O. u. Fam.

Heute möchte ich Ihnen mitteilen, daß ich ein Päckchen an Sie abgeschickt habe.

Nach langem Suchen ist es mir doch gelungen etwas zu bekommen, um Ihnen, - hoffentlich, - damit eine Freude zu machen.

Es ist eben schwer für uns, wenn man gern schenken möchte und doch die Hände gebunden sind.

Ich hoffe, Sie sind mit Ihrer lieben Fam. gesund und daß es auch weiterhin so bleiben möchte, wünsche ich Ihnen von Herzen.

Die liebe P. ist wohl nun inzwischen auch fertig mit der Lehrzeit als Krankenschwester.

Ein schöner aber auch schwerer Beruf, wozu ich Ihr viel Kraft und Gottes Segen wünsche.

[17] 03.06.1980

Am vergangenen Sonntag hatte ich auch wieder Besuch.

Unser Enkel mit Familie, der kleine Urenkel ist ein liebes Kerlchen.

Wie schade, daß Max es nicht mehr so miterleben kann.

Es wäre eine große Freude für ihn.

In Gottes unerforschlichem Ratschluß lag es eben anders und so muß man sich in Seinen heiligen Willen ergeben, auch wenn es manchmal recht schwer fällt. –

Ist es bei Ihnen auch immer noch so kalt?

In der Natur ist Alles noch so weit zurück dieses Jahr, auch da kann man nur sagen, `An Gottes Segen ist Alles gelegen´.

So wünsche ich Ihnen Allen von Herzen

Alles Gute und verbleibe mit den innigsten Grüßen,

Ihre H.“

7. 7. Brief[18]:

„FROHE

WEIHNACHTEN

UND EIN GLÜCKLICHES,

ERFOLGREICHES NEUES JAHR

wünscht Ihnen

und Ihren Angehörigen

von ganzem Herzen

H.

[18] Briefmarke auf dem Briefumschlag gestempelt am 20.12.1981.

Liebe Familie O.!

Möchte Ihnen im Auftrage meiner Stiefmutter diese Zeilen schreiben und mich ganz herzlichst für das schöne Paket bedanken.

Sie hat sich sehr darüber gefreut.

Leider kann sie Ihnen nicht selbst schreiben, da das Augenlicht sehr nachgelassen hat.

Nochmals herzlichen Dank und auch wir wünschen Ihnen und Ihren Angehörigen ein recht frohes und gesundes Weihnachtsfest sowie ein glückliches Neues Jahr.

Ihre Familie

G.“

8. 8. Brief[19]:

„FROHE

WEIHNACHTEN

UND EIN GLÜCKLICHES,

ERFOLGREICHES NEUES JAHR

wünscht Ihnen

und Ihrer lb. Fam.

Ihre

H. aus Mülsen.

[19] Briefmarke auf dem Briefumschlag gestempelt am 16.12.1985.

Heute muß ich doch einmal versuchen selbst einen Gruß zu senden, nachdem ich nun wieder Ihr liebes Weihnachtspaket erhalten habe.

Es war mir eine große Freude, daß Sie wieder in so liebender Weise an mich gedacht haben, nur tut es mir immer sehr leid, daß es mir nicht möglich ist, auch einmal eine kleine Freude zu machen.

Gott möge es Ihnen segnen und viel Gesundheit schenken.

Gerne würde ich mal ausführlicher schreiben, aber es geht beim besten Willen nicht, das macht mir große Sorgen, doch `alle Eure Sorgen werfet auf Ihn´.

Mit dieser Zuversicht wollen wir auch ins Jahr 1986 schreiten.

Mit den herzlichsten Grüßen und alles denkbar Gute wünscht

H. u. Kinder.

Wie geht es denn der lb. P., sie war immer eine fleißige Schreiberin.

Nochmals vielen Dank."

III. Briefe aus Zschocken[20]:

1. 1. Brief[21]:

„Frohe Weihnachten

und alles Gute im neuen Jahr

wünscht Euch Allen

von ganzem Herzen

L.

[20] Zschocken, DDR.
[21] Briefmarke auf dem Briefumschlag gestempelt am 18.12.1986.

Liebe Familie O.!

Schreibe diese Zeilen im Auftrag meiner Stiefmutter, da sie es aufgrund ihres schlechten Augenlichtes selbst nicht mehr kann.

Sie würde sich freuen von Ihnen wieder etwas zu hören.

Möchten uns den Wünschen von L. anschließen

und es grüßt Sie ganz herzlichst

Ihre Familie G.“

2. 2. Brief[22]:

„Zschocken, den 20.01.87.

Liebe Familie O.!

Heute endlich komme ich dazu Ihnen im Auftrage von L. diese Zeilen zu schreiben.

Sie hat sich sehr über das sehr schöne Paket von Ihnen gefreut und möchte sich dafür ganz herzlichst bei Ihnen bedanken.

Sie bedauert sehr, Ihnen nicht selbst schreiben zu können und macht sich große Sorgen, wie sie das je bei Ihnen wieder gut machen kann.

Es geht ihr gesundheitlich den Umständen entsprechend, nur hat sie jetzt etwas mit der Kälte zu kämpfen, die ja überall vorhanden war.

Da sie unten wohnt und das Haus nicht unterkellert ist, hat sie die ganze Kälte in den Zimmern gehabt und sie mußte straff feuern, um eine warme Stube zu erhalten.

[22] 20.01.1987

Lene möchte gerne einmal wissen, was P. macht und ob sie verheiratet ist.

Vielleicht kann P. L. einmal ein paar Zeilen zukommen lassen.

Sie würde sich sehr darüber freuen.

Soweit habe ich Ihnen alles mitgeteilt

und es grüßt Sie ganz herzlichst

Ihre Familie

G. und L.“

3. 3. Brief[23]:

„Frohe Ostern ...

und noch recht viel Gesundheit

für Sie und Ihre Angehörigen

wünscht Ihnen von ganzem Herzen

im Auftrag von L.

Ihre Familie

G.

Vielen Dank für den Brief

den L. erhalten hat.

Werde später nochmals schreiben."

[23] Briefmarke auf dem Briefumschlag gestempelt am 28.03.1988.

Printed by Books on Demand GmbH, Norderstedt / Germany